Los animales viven aquí



# La vida en el Ártico

por Connor Stratton

nivel 2
little blue readers en español

www.littlebluehousebooks.com



Traducción: © 2023 por Little Blue House
Título original: Life in the Arctic
Texto: © 2023 por Little Blue House
Traducción: Annette Granat

La serie Little Blue House es distribuida por North Star Editions.
sales@northstareditions.com | 888-417-0195

Este libro ha sido producido para Little Blue House por Red Line Editorial.

Fotografías ©: Imágenes de Shutterstock: portada, 4, 7 (imagen inferior), 9, 12, 15 (imagen inferior), 17, 18, 23, 24 (esquina superior izquierda), 24 (esquina superior derecha), 24 (esquina inferior izquierda), 24 (esquina inferior derecha); imágenes de iStock: 7 (imagen superior), 10–11, 15 (imagen superior), 20–21

**Library of Congress Control Number: 2022912224**

**ISBN**
978-1-64619-691-3 (tapa dura)
978-1-64619-723-1 (tapa blanda)
978-1-64619-785-9 (libro electrónico en PDF)
978-1-64619-755-2 (libro electrónico alojado)

Impreso en los Estados Unidos de América
Mankato, MN
012023

## Sobre el autor

Connor Stratton disfruta explorar nuevos lugares, detectar nuevos animales y escribir libros para niños. Él vive en Minnesota.

# Tabla de contenido

oso polar
hielo

# Animales del Ártico

El Ártico es un lugar frío lleno de nieve y hielo.

Los osos polares viven en el Ártico.

Muchos otros animales también viven aquí.

Los búhos viven en el Ártico.
Estas aves tienen
plumas blancas.
Los frailecillos viven en el Ártico.
Estas aves tienen picos grandes
y pies palmeados.

búho
pluma

pico
frailecillo
pies

Los linces viven en el Ártico. Estos grandes felinos cazan por la noche.

lince

Los caribús viven en el Ártico.

Ellos tienen astas en la cabeza.

A los caribús también se les llama renos.

asta
caribú

buey almizclero
pelaje

# Pelajes calientes

Los bueyes almizcleros viven en el Ártico.

Ellos tienen un pelaje grueso.

Su pelaje los mantiene calientes.

Los lobos viven en el Ártico.

Ellos tienen los dientes afilados.

Los zorros viven en el Ártico.

La cola los mantiene calientes
cuando duermen.

dientes
lobo

zorro
cola

Las liebres viven en el Ártico.

Su pelaje se vuelve marrón

cuando la nieve se derrite.

liebre

morsa
colmillo

# Aguas frías

Las morsas viven en el Ártico.
Tienen colmillos grandes.
Ellas pueden nadar en aguas
muy frías.

Las ballenas viven en el Ártico.
Ellas tienen la piel blanca.
Son los animales más grandes
del Ártico.

ballena

Las focas viven en el Ártico.

Ellas pueden sumergirse en el agua.

Usan sus aletas para nadar.

foca
aleta

# Glosario

foca

lince

frailecillos

morsas

# Índice